MAGIE, MAGAH
und Spinnenhaar,
was ich jetzt sage,
das wird wahr.

Geschichte und Reime:
Constanze Endlich
(nach einer Idee von Helmut Hecht)

Illustration:
Johann Rüttinger

Typo:
entwickelt aus der „Druckschrift"
der 7-jährigen Maya Kappler

Lektorat und Satz: Kathi Kappler Text & Design

Reproduktion und Druckvorlagen:
Lena Kappler

Herstellung: W. Kohlhammer,
D-70329 Stuttgart

Verlag:
Drei Hasen in der Abendsonne GmbH,
Mühlenstraße 10, D-91486 Uehlfeld
© 2011, 2014

www.hasehasehase.de
www.schnabelgruen.de
www.drei-hasen.blogspot.com

ISBN 978-3-941345-07-2

Printed in Germany

Constanze Endlich ✦ Johann Rüttinger

Schnabel··· grün

Band ⑦
Das Schwein
im Fass.

Hier am Teich, wo Blumen blüh'n,
lebt der Rabe Schnabelgrün.

Mit Zaubermeister Naserot,
wohnt er auf einem schönen Boot.

Von ihm lernt er die Zauberei
und beide lachen viel dabei.

Denn Schnabelgrün, der hat zwar Mut,
doch zaubern kann er noch nicht gut.

Versucht er's doch und kommt in Not,
hilft ihm sein Freund, der Naserot.

Schnabelgrün geht's heute gut,
er fliegt los mit frohem Mut.

Erst fliegt er hoch, dann wieder runter,
so fliegt er gern, das macht ihn munter.

Von oben sieht er einen Hasen
und auf der Wiese Schafe grasen.

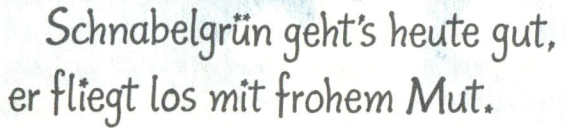

Doch dann, da unten, was ist das?
Er sieht ein Schwein in einem Fass.

Es steckt darin, kann nicht hinaus
und quiekt ganz laut: Ich will hier raus!

Sofort fliegt Schnabelgrün zum Schwein,
denn so etwas, das darf nicht sein.

Er sagt zu ihm: Ich bin ein Rabe,
und Zauberkräfte, die ich habe,
kann ich benutzen, eins - zwei - drei,
dann bist du ganz schnell wieder frei.

Sehr gern, sagt da sofort das Schwein,
im Fass will ich nicht länger sein.

Na gut, dann aufgepasst, du Schwein,
ich sprech' jetzt einen Zauberreim:

MAGIE, MAGAH und Spinnenhaar,
was ich jetzt sage, das wird wahr.
Krötenschleim und Hühnerdreck,
dickes Fass, geh' von hier weg!

Ein Rumms, ein Knall, doch – ach du Schreck,
das Fass und auch das Schwein sind weg.

Oh je, sie sind auf einem Baum,
hoch im Geäst, man glaubt es kaum.

Schnabelgrün ist jetzt nicht froh,
den Zauber wollte er nicht so.

Zum Schwein sagt er: Hab' etwas Mut,
ich mach's nochmal, dann wird es gut.

Er denkt kurz nach und fängt dann an
und zaubert so, wie er es kann.

MAGIE, MAGAH und Spinnenhaar,
was ich jetzt sage, das wird wahr.
Schwefelrauch und Feuerglut,
und ein Tropfen Läuseblut.
Fass und Baum! Verschwindet hier!
Nur das Schwein, das bleibt bei mir.

Der Zauber wirkt, man sieht es ja,
  denn Fass und Baum sind nicht mehr da.

Deshalb fällt jetzt das Schwein hinunter,
  zur Erde, auf die Wiese runter.

    Jedoch die Wiese ist nicht frei,
    drei Igel laufen grad' vorbei.

Was für ein Pech, denkt noch das Schwein,
dann fällt es in die Igel rein.

Ein Glücksschwein ist es wirklich nicht,
denn jeder Igelstachel sticht.

Was ihm passiert ist, ist gemein,
denn jetzt ist es ein Igelschwein.

Hör zu, ruft Schnabelgrün sofort,
ich helf' dir schnell, du hast mein Wort!

Er fängt auch gleich zu zaubern an,
doch mittendrin geschieht es dann:

Ein Storch, oh nein, das darf nicht sein,
fliegt plötzlich in den Zauber rein.

Es funkt und blitzt und Sterne sprüh'n,
was wird denn das, denkt Schnabelgrün.

Jetzt kreist und dreht sich alles schnell,
so wie in einem Karussell.

Kaum ist die Zauberei vorbei,
stimmt gar nichts mehr, oh wei, oh wei.

Die kleinen Igel sind nicht froh,
mit Storchenfedern am Popo.

Der Storch hat jetzt vier Schweinebeine
und auch die Nase ist nicht seine.

Schwanzfedern hat er gar nicht mehr,
das alles ärgert ihn doch sehr.

Und hier, das Schwein, oh weh, oh Graus,
das sieht ja auch ganz anders aus!

Zwei Storchenbeine hat es jetzt
und ist darüber ganz entsetzt.

Und ach, wie sieht sein Kopf jetzt aus,
ein großer Schnabel ragt heraus.

Schnabelgrün denkt nun: Oh nein,
das schaffe ich nicht mehr allein.

Mein Freund, der Zauberer, muss her,
denn seine Hilfe brauch' ich sehr:

MAGIE, MAGAH und Spinnenhaar,
was ich jetzt sage, das wird wahr.
Lieber Zaub'rer Naserot,
komm schnell zu mir, ich bin in Not!

Hui, wie der Wind am Himmel oben,
    kommt Naserot schon angeflogen.

Mit Brausesaus kommt er hier an,
    weil er mit ihm toll fliegen kann.

Als Naserot die Tiere sieht,
will er sofort, dass was geschieht.

Er sagt: Hier hilft nur viel Magie,
komm, lass uns zaubern, wie noch nie!

Ja, gerne, ruft da Schnabelgrün,
lass du die Zaubersterne glüh'n!

Ich helf' dir dann, so gut ich kann,
am besten fangen wir gleich an!

MAGIE, MAGAH und Spinnenhaar,
was wir jetzt sagen, das wird wahr.
Zaubersterne, rot wie Glut,
kommt herbei, dann wird es gut!
Durch Zauberkraft mit Sternenschein
soll alles wieder richtig sein!

Der Zauber wirkt, wie wunderbar,
schon sind die roten Sterne da.

Sie schweben schön, mit viel Magie,
um alle Tiere, wie noch nie.

Jetzt ist die Zauberei gescheh'n,
man kann die Tiere wieder seh'n.

Der Storch, die Igel und das Schwein,
sind wieder richtig - doch gemein:

Sie sind jetzt voller Zaubersterne,
man sieht sie schon aus weiter Ferne.

Verflixt,
ruft Naserot, nicht gut!
Sie war zu stark, die Sternenglut!

Ja, leider, sagt da Schnabelgrün,
wir müssen uns noch mal bemüh'n!

Komm, bitte, fang' noch einmal an,
ich steh' dir bei, so gut ich's kann!

MAGIE, MAGAH und Spinnenhaar,
was wir jetzt sagen, das wird wahr.
Zaubermächte, Zauberwort,
rote Sterne, geht nun fort.

Wie gut war diese Zauberei,
die Not der Tiere ist vorbei.

Normal seh'n sie jetzt wieder aus
und rufen laut: Applaus, Applaus!

Schon gut, sagt Naserot und lacht,
das haben wir doch gern gemacht.

Ganz glücklich sind sie und sehr froh
und auch den Tieren geht es so.

Nun kann man beide noch mal seh'n,
wie sie zum Brausesaus hingeh'n.

Und Schnabelgrün ruft noch zum Schwein:
Kriech' nie mehr in ein Fass hinein!

Dann fliegen sie davon, die zwei,
bereit für neue Zauberei.

Constanze Endlich (geb. 1964)
lebt als freiberufliche Spiele- und
Kinderbuchautorin in Oberhausen.

Johann Rüttinger (geb. 1947)
lebt als Grafiker, Illustrator und
Spieleerfinder in Uehlfeld.